CE QUI VA ARRIVER

AU

MEXIQUE

Des correspondances américaines, généralement mal disposées à l'égard de l'expédition française, annoncent l'entrée de nos troupes à Puebla. Le fait est croyable, s'il n'est pas certain.

Ce qui est certain aussi, pour tout homme qui connaît le Mexique et les Mexicains, c'est que notre armée sera prochainement maîtresse de leur capitale.

Ce que les Américains ont fait en 1847 avec dix mille hommes, les Français, à plus forte raison, le feront en 1863 avec trente mille.

Qu'arrivera-t-il alors?

Voudra-t-on occuper indéfiniment Mexico? et si les vingt autres États de ce pays immense se refusent à traiter, malgré la prise de la capitale, faudra-t-il en faire successivement la conquête?

Il ne faut pas oublier que le Mexique a trois mille huit cents kilomètres de long sur une largeur moyenne de mille huit cents, et qu'il compte au moins huit millions d'habitants.

Cette population est peu aguerrie et indisciplinable, il est vrai, mais une guerre civile qui dure depuis cinquante ans sans interruption a donné aux Mexicains l'habitude du maniement des armes, et j'ai entendu dire à l'illustre général Scott, qui commandait l'armée américaine en 1847, que, comme tous les mauvais soldats, ils étaient redoutables à l'abri des murailles et des rochers qui forment une série d'embuscades naturelles au milieu de ce pays montagneux.

Il y a là une analogie évidente avec la désastreuse campagne d'Espagne sous le premier Empire : moins de population, moins d'énergie certainement, mais le pays est dix fois plus grand.

Que de milliers d'hommes à transporter à deux mille lieues de la France, et que de milliards à dépenser avant d'occuper solidement le Mexique !

Le gouvernement de l'Empereur est trop sage et trop habile pour se lancer dans de pareilles éventualités. L'Empereur l'a déclaré dans ses instructions au général Forey : *Il a voulu seulement renverser un gouvernement qui était l'opprobre du pays et la terreur des étrangers. — Il laissera les Mexicains libres de se choisir le gouvernement qui leur conviendra. — Enfin, il appartient à la France, la première des nations latines, de porter la civilisation et la paix chez les peuples latins du Nouveau-Monde, envahis et écrasés par la supériorité de la race anglo-saxonne.*

Ces grandes et belles idées ont été accueillies avec acclamation par la France entière.

Cependant, il y a de notre temps une foule d'esprits exacts, peu disposés à l'enthousiasme des grandes choses, qui se sont demandé quel bien matériel il résulterait des millions qui seraient dépensés au Mexique.

Ces gens-là n'ont pas encore compris que les expéditions de Chine, de Cochinchine e du Mexique, les expéditions lointaines, comme les appellent ces esprits chagrins, procureront dans l'avenir, et même dans le présent, de grands avantages à notre commerce en lui ouvrant des débouchés immenses, c'est-à-dire qu'en échange de nos marchandises les capitaux afflueront en France et viendront décupler la prospérité nationale.

Les Anglais, qui sont, on me permettra de le dire, de plus habiles négociants que nous, ne s'y sont pas trompés et ne marchandent jamais l'argent à leur Gouvernement, quand il s'agit de ces questions vitales pour leur industrie.

Au Mexique, où nous nous serons créé de solides alliés en appliquant les principes de l'Empereur, quelle ne sera pas, une fois la sécurité revenue, la consommation des objets de luxe de fabrique française qui y sont recherchés maintenant à tout prix et payés au poids de l'or, malgré les difficultés du transit.

Mais ces résultats magnifiques sont si évidents pour tout homme qui a étudié la question qu'il est inutile que j'entreprenne de les indiquer plus longuement.

Ce que je veux prouver, c'est que *l'expédition française au Mexique peut non-seulement être remboursée intégralement et rapidement de tous les frais qu'elle aura coûtés, mais encore que dans un temps rapproché elle peut fournir à la France assez de métaux précieux pour l'aider à diminuer, sinon à payer sa dette nationale.*

COUP D'OEIL

TOPOGRAPHIE MÉTALLURGIQUE DU MEXIQUE

Qu'on porte un instant les yeux sur la carte des États-Unis mexicains, et on verra que l'intérieur de ce vaste pays est entièrement occupé par la chaîne des Cordillères, une des plus hautes du globe, qui jette vers les deux Océans de nombreuses ramifications.

Ces montagnes et ces vallées sont le centre des plus riches gisements métallurgiques qui existent : l'or, l'argent, le platine, le cinabre ou minerai de mercure s'y rencontrent sous toutes les formes et sous toutes les combinaisons.

Pour parler de l'argent seulement, on en compte plus de six mille filons ou amas de minerai, donnant lieu au moins à quatre mille exploitations, qui s'étendent depuis Mexico jusqu'à San Bartomeo et Cohahuila.

Malgré la guerre civile permanente, malgré le manque de bras et l'absence de moyens mécaniques d'exploitation, le Mexique fournissait, dans ces dernières années, pour cent millions d'argent par an, sans compter les produits de l'or et des autres métaux.

Tout le monde sait cela; mais, ce qu'on ne sait pas assez en France, c'est que ces richesses métallurgiques ne sont

rien à côté de celles que contiennent les régions montagneuses des Cordillères, qui vont se relier par le nord du
Mexique aux montagnes Rocheuses, ce centre de la production moderne de l'or en Californie et dans l'Orégon.

A partir de Zacatecas, où se trouvent les fameuses mines
d'argent sulfuré, les Cordillères se bifurquent en deux
branches, dont l'une se dirige à travers les États de Durango
et de Chihuahua vers la Sonora, au nord de laquelle elle
se relie à la Sierra Verde, l'autre traverse le Cohahuila,
envoie un rameau vers le Texas, et, franchissant la frontière
à Paso del Norte, va former la Sierra Obscura : entre ces
deux hautes chaînes, la Sierra Verde et la Sierra Obscura,
s'étend la vallée du Nouveau-Mexique, acquise par les États-
Unis à la suite de la guerre de 1847.

Comme je le prouverai tout à l'heure, c'est dans cette
partie septentrionale du Mexique que se trouvent enfouies
les plus riches mines de l'univers.

Cette immense contrée est à peine connue ; bien peu
d'Européens y ont pénétré, et bien moins encore en sont
revenus.

Outre les difficultés que peut présenter un pays complétement inculte, il y a un obstacle plus réel, et contre lequel
sont venus se briser jusqu'ici les efforts des chercheurs d'or,
excités par les rapports merveilleux qu'on faisait sur ce
nouvel Eldorado.

Cet obstacle, ce sont les Apaches.

Les rives du Rio Gila à l'est, du Rio del Norte à l'ouest,
les montagnes du centre même sont occupées par les nombreuses tribus de cette grande nation indienne.

On évalue à vingt ou trente mille le nombre des guerriers
qu'ils peuvent armer, et quoique sur ces espaces immenses
ils soient rarement réunis en troupes de plus de trois ou
quatre cents, ils sont assez redoutables pour rendre impossible toute exploitation particulière des mines du pays.

Les Apaches ce sont les Bédouins de l'Amérique : armés de mauvais fusils à pierre et de la hache nationale, montés à poil et nus sur les petits chevaux sauvages du désert, ils parcourent des distances immenses avec un peu de viande séchée au soleil et quelques grains de maïs pour toute nourriture.

Toutes les expéditions parties de Sonora ou de Chihuahua à la recherche de l'or sont revenues diminuées de moitié par cette hostilité incessante des Indiens.

Beaucoup même n'en sont jamais revenues !

La terreur inspirée par les Apaches est telle dans le nord du Mexique, sans cesse ravagé par leurs rapides excursions, que toutes les villes, tous les villages, toutes les rancherias même y sont fortifiés.

Enfin les hardis aventuriers de la Californie n'ont pas encore osé s'établir dans le pays de ces terribles Indiens.

Aussi n'existe-t-il aucune exploitation des métaux précieux dans cette immense contrée.

Outre les rapports merveilleux des gambusinos, ou chercheurs d'or mexicains, il y a des données certaines sur les mines du territoire indien ; ces données sont dans les cartons du ministère de la guerre à Washington.

J'ai recueilli aux États-Unis, en 1851, des renseignements positifs de la part d'un des ingénieurs américains, envoyé dans le pays avec l'expédition chargée de la délimitation des frontières ; cet ingénieur, qui était en même temps un savant minéralogiste, avait recueilli des échantillons et fait des relèvements de filons, qu'il m'a communiqués à une époque où il songeait à aller en Europe pour y former une compagnie minière.

Voici un résumé des renseignements qu'il m'a donnés.

CUIVRE

Le cuivre natif se trouve à l'état de blocs isolés qui pèsent jusqu'à six mille kilogrammes dans toutes les montagnes de la Sonora et du Nouveau-Mexique ; le plus souvent ce sont des dendrites, des réseaux ou des ramifications qui s'étendent en divers sens dans les roches schisteuses.

J'ai eu sous les yeux des échantillons de minerais purs de cuivre sulfuré d'un gris d'acier bleuâtre qui sont les plus faciles et les moins coûteux à exploiter ; il y en a des filons considérables dans les environs de Paso del Monte.

Quant aux pyrites de cuivre, il paraît que des montagnes entières en sont formées ; le pic de Cuivre dans la Sierra Verde en tire son nom.

MERCURE

Un gisement très-important de mercure sulfuré ou cinabre a été relevé à quelque distance de la rancheria de San Salvador près des sources du Rio Gila.

ARGENT

L'argent, dont de superbes échantillons avaient été rapportés, forme de puissants filons dans toutes les roches de formation plutonique où se trouvent des porphyres. Le terrain argentifère s'étend de Paso del Monte, et même depuis

San Carlos jusqu'à la Tota, presque à l'embouchure du Rio Gila sur un espace de douze cents kilomètres au moins.

Ces échantillons étaient des argents sulfurés et chlorurés analogues au minerai de Guanascuato, de Zacatecas, de Real del Monte, c'est-à-dire des mines les plus riches et les plus productives du Mexique, dont ces riches gisements ne sont sans doute que le prolongement à fleur de terre.

OR ET PLATINE

Quant à l'or, il est répandu aussi tout le long de cette frontière, soit à l'état de pépites dans les roches de porphyre, soit disséminé en grains dans les minerais argilo-ferrugineux appelés dans le pays colorados, soit dans les torrents affluents du Rio Gila et du Rio San Pedro, où le lavage des sables en donnerait des quantités indéterminables.

Des gisements de platine ont même été relevés dans des schistes cristallins près du Rio San Francisco.

PIERRES PRÉCIEUSES

Enfin j'ai vu trois ou quatre diamants d'une très-belle eau trouvés dans un torrent à sec près de la Sierra Verde, d'où des topazes, des lapis et des améthystes ont également été rapportés.

Ces données certaines venant d'un minéralogiste habile sont confirmées par l'opinion de tous les hommes, soit aux Etats-Unis, soit au Mexique, qui ont pu pénétrer dans ce pays des Indiens bravos.

Il n'est pas dans la Sonora et dans les Etats voisins un seul gambusino, qui n'ait reçu en héritage ou qui n'ait connaissance par lui-même de l'existence de quelques-uns de ces placers merveilleux.

Ceux qui y ont pénétré en ont tous rapporté des pépites d'or qu'ils avaient ramassées à la surfac de la terre : que de richesses ne doit-elle pas contenir dans ses entrailles !

Cette richesse inouïe du nord du Mexique étant bien établie, il reste à savoir comment la France peut en tirer parti et s'enrichir elle-même en développant et en encourageant la production métallurgique dans le pays.

CE QU'IL FAUT FAIRE AU MEXIQUE

Dès que l'armée française sera entrée à Mexico, nous aurons reçu une satisfaction suffisante du léger échec subi par nos troupes devant Puebla.

Alors, comme l'a dit l'Empereur, on laissera choisir aux Mexicains leur gouvernement, et on appuiera seulement de notre force et de notre influence le parti des honnêtes gens contre cette bande de pillards sans foi politique et sans croyance morale qui désole le Mexique depuis si longtemps.

L'ordre se rétablira, la prospérité commerciale se développera avec la paix, et la race latine du Mexique se constituera, grâce à notre appui, en une forte et vigoureuse nation capable de résister un jour à l'esprit envahissant des Américains du Nord.

Mais qui paiera les frais de la guerre?

Je sais qu'on a dit sous un autre gouvernement : *La France est assez riche pour payer sa gloire ;* à notre époque, malheureusement si positive, ces paroles sublimes auraient peu de succès.

Les provinces insoumises malgré la prise de la capitale, et ce seront les plus riches et les plus peuplées, se refuseront à payer une contribution de guerre à cause du relâchement des liens fédéraux, qui est tel maintenant, qu'il peut faire considérer le Mexique comme une agglomération de vingt Etats différents.

Devra-t-on les y forcer? Alors, ce serait vouloir occuper

tout le Mexique, et j'ai dit plus haut les difficultés presque insurmontables qui s'opposeraient à la réussite d'une telle entreprise.

Non, il est un moyen qui conciliera à la fois les intérêts des deux pays, et qui sera accepté avec joie par les Mexicains, parce qu'il ne leur enlèvera rien de leur territoire ; qu'il protégera leurs frontières ravagées par les Indiens, et qu'il augmentera infiniment la prospérité du pays.

Il faut que la France demande à exercer une protection directe et déterminée pour un certain nombre d'années sur les Etats du Sonora et de Chihuahua, qui resteront nominativement pendant ce temps annexés au Mexique.

Ce sera quelque chose d'analogue au protectorat anglais dans les îles Ioniennes.

Ce plan ne présenterait aucune difficulté, ces Etats contenant à peine, malgré leur grande étendue, une population de cent cinquante mille âmes dont les trois quarts au moins sont des Indiens Mansos ou civilisés, race douce et inoffensive, qui accepterait avec joie l'occupation française devenue pour elle plutôt une protection, qu'une oppression du sentiment national, qui lui est inconnu.

Les plus grandes villes, Sonora, Arispe, Cinaloa, comptent à peine six à sept mille âmes ; par conséquent, pas de guerres de rues à craindre.

Enfin la Sonora et le Chihuahua sont des pays parfaitement sains, sauf une petite région sur les côtes qui est bien moins fiévreuse que les terres chaudes de la Vera-Cruz, et que d'ailleurs il serait inutile d'occuper.

Le sol de ces deux Etats est riche, boisé, arrosé par un grand nombre de rivières, mais inculte ; il y a de superbes prairies où on élève des troupeaux considérables dont le nombre s'augmenterait à l'infini, si les propriétaires ne redoutaient pas à chaque instant de se les voir enlever par les Apaches, qui les considèrent comme leur propriété et qui comptent dessus pour se nourrir, puisqu'ils n'élèvent aucun bétail et ne sèment aucun grain.

Les habitants de ces deux Etats préféreraient sans aucun doute vendre leurs bœufs aux Français qui les paieraient intégralement, que de nourrir gratis vingt mille pillards indiens.

La question d'alimentation étant résolue, reste la question des communications, qui ne présentera pas plus de difficultés.

L'État de Sonora et Ginaloa possède un port excellent, Mazatlan, à l'entrée de la mer Vermeille, où pourraient s'abriter les gros navires venant de France. De Mazatlan, on pourrait, par de petits bâtiments, envoyer des hommes et des approvisionnements dans les ports de la côte de Sonora, à Guaymas, par exemple, d'où on serait à portée de la région des mines, et d'où il serait facile d'organiser des moyens de transport.

Supposons donc deux divisions françaises établies dans ce pays ; l'une suffirait parfaitement à occuper Arispe, Sonora ou Chihuahua, qui sont de très-petites villes, et à tenir en respect la population, qui d'ailleurs, comme je l'ai dit plus haut, loin de chercher à nous combattre, verrait plutôt favorablement l'occupation française. Cette division pourrait être employée à faire des routes et à protéger les convois.

La seconde serait disséminée près de la frontière et dans le pays des Apaches, dans des fortins analogues à ceux que les Américains ont établis dans leur immense territoire indien, où avec cinq ou six mille hommes, ils tiennent en respect la population sauvage d'une région dix fois plus grande que la Sonora et le Chihuahua.

Une fois la sécurité établie, ou du moins rendue beaucoup plus grande, des ingénieurs bien escortés, et qui pourraient recueillir les indications des chercheurs d'or du pays, le parcourraient en entier pour relever les gisements métallurgiques et opérer des sondages; partout où de riches filons seraient signalés, on ferait un établissement fortifié et on exploiterait le minerai avec de puissantes machines venues de France, et les bras des Indiens Mansos, qui sont accoutumés à ces travaux, et qui seraient dirigés par des ouvriers européens du métier.

Les deux divisions qui occuperaient le pays ainsi que les ouvriers qui travailleraient aux mines pourraient être intéressés, dans une certaine proportion, aux opérations minières, et dans ces conditions tous les ouvriers, tous les régiments voudraient aller au Mexique!

Supposons une dépense annuelle de cent millions pour l'entretien des troupes et la mise en exploitation des mines, croit-on qu'on ne pourrait pas compter sur un rapport annuel de cinq cents millions, au moins, quand on voit ce que les Américains et les Anglais tirent de la Californie et de l'Australie, rien qu'avec l'or seulement?

Mais l'imagination est éblouie par la perspective des immenses richesses que le gouvernement français pourrait recueillir dans ces conditions, et il serait certain de réussir; car il aurait dans les mains tous les moyens d'exploitation qui manquent aux compagnies particulières, c'est-à-dire de l'argent et des bras.

Je sais que beaucoup d'esprits chagrins traiteront ce projet de romanesque, qu'ils diront que le gouvernement de l'Empereur ne peut pas s'abaisser jusqu'à se faire entrepreneur de mines; mais alors pourquoi ce même gouvernement a-t-il des écoles spéciales et des ingénieurs attitrés pour le service des mines en France; et pourquoi ces ingénieurs ne serviraient-ils pas à exploiter l'or et l'argent, aussi bien qu'ils surveillent l'extraction du fer, que produit seulement le sol national?

Un gouvernement ne peut faire une spéculation comme

un particulier, dira-t-on encore ; pourquoi cela ? N'en fait-il pas souvent et de moins agréables au pays quand il a besoin d'argent ? par exemple, lorsqu'il augmente les impôts indirects sur les spiritueux et le tabac, le consommateur paie en rechignant, quoiqu'il sache que c'est pour son bien, pour entretenir sa puissance extérieure et son bien-être intérieur ; mais croit-on qu'il ne paierait pas avec plaisir pour voir d'immenses richesses, des richesses positives, acquises par la France et la dette nationale amoindrie, sinon éteinte ?

Il y a un vieux proverbe populaire qui dit : *Qui n'ose rien, n'a rien ;* un gouvernement aussi fort et aussi intelligent que le nôtre peut tout oser.